Souffle d'Éternité

AF135155

Souffle d'Éternité

MIXTE
Papier issu de sources responsables
Paper from responsible sources
FSC® C105338

Souffle d'Éternité

MUSTAPHA BOUKTAB

Souffle d'Éternité

Quand la poésie dessine les contours de l'infini…

Mars 2024

BOOK-KITAB

Souffle d'Éternité

© 2024 Mustapha Bouktab
Édition : BoD – Books on Demand,
info@bod.fr
Impression : BoD – Books on Demand, In
de Tarpen 42, Norderstedt (Allemagne)
Impression à la demande
ISBN : 978-2-3225-3686-3
Dépôt légal : Mars 2024

Introduction

« Dans un monde où l'on nous presse d'embrasser l'inadmissible, là où les aberrations d'hier se muent en banalités du jour, il ne s'agit pas tant d'un monde qui se métamorphose sous nos yeux, mais d'esprits enchaînés, happés par les stratagèmes de ceux qui aspirent à le dominer. »

Auteur de quatre âmes littéraires, ma plume a d'abord effleuré les mystères de la santé et du bien-être, avant de s'aventurer sur les sentiers initiatiques d'un roman en deux tomes, puis de se poser, enfin, sur la trame vibrante d'un recueil de poèmes. Dès l'aube de mon existence, l'écriture a été mon phare, guidant mes réflexions, mes émotions, mes passions à travers l'obscurité, explorant une infinité de thèmes avec une voracité inassouvie.

Mes mots, jadis murmurés dans l'écho des pages, trouvent désormais écho dans le tumulte des réseaux sociaux, dans cette quête incessante de partage et de résonance. Mon ambition ? Offrir un miroir à l'âme du lecteur, éveiller une conscience, toucher un cœur, sur des sujets d'essence ou de circonstance.

L'inspiration pour ce florilège poétique m'a été soufflée par les vents du changement, impétueux, inéluctables, qui sculptent notre monde sans que nul ne puisse leur barrer le chemin. Si l'idée m'a d'abord laissé de marbre, elle a fini par s'enraciner, florissante, dans le terreau de mon esprit, nourrie par l'éclat qu'une phrase, un vers, pouvaient allumer dans le regard d'un autre.

Ces poèmes sont une invitation au voyage – léger à porter, libre dans leurs lectures. Vous pouvez les dévorer d'une traite, ou les parcourir au gré du hasard, laissant aux caprices du destin le soin de choisir pour vous. Chaque poème est un fragment de mon âme, ou une étoile dans le ciel de ceux qui m'entourent, qu'ils soient compagnons de route professionnelle, amis de cœur, ou liens de sang. Parmi ces lignes, il y a, j'ose espérer, des échos pour chaque âme, même si certains résonneront plus fort que d'autres.

À travers ces vers, c'est un pan de mon être que je révèle. Pour en savoir plus, plongez dans mes premiers ouvrages. Je vous souhaite un voyage enrichissant au cœur de ces pages et vous adresse ma gratitude la plus profonde.

Ces poèmes sont une invitation à voyager dans l'univers que j'explore aussi à travers mes autres écrits. Je vous invite à plonger dans "L'Uppercut de ma délivrance", "Le Gardien du présent Tome 1" et "Le Gardien du présent Tome 2", ainsi que "Inspirine", pour découvrir les différentes facettes de mon exploration littéraire. Chaque ouvrage est une porte ouverte sur des mondes de réflexion, de conscience et d'émotion.

Merci de m'accompagner dans ce voyage au cœur de la littérature et de partager cette aventure avec moi.

Souffle d'Éternité

1 - Voix Contre l'Injustice

Comment peux-tu dormir si paisiblement,
Alors que d'autres sont bercés par le bruit des bombes ?
Comment peux-tu savourer chaque moment,
Quand certains, fauchés, rejoignent les tombes ?

Comment ton rire peut-il résonner si fort,
Tandis que d'autres noient leur chagrin en sanglots ?
Comment peux-tu rester sourd à ce sort,
Quand des voix s'élèvent, brisées par un complot ?

Comment distingues-tu, par insouciance,
Alors que d'autres subissent cruelle intolérance ?
D'un côté, le banquet, les rires, la danse,
De l'autre, la faim, le désespoir, la souffrance.

Chaque vie est précieuse, chaque enfant un trésor,
Mais des âmes innocentes sont sacrifiées encore,
Au nom d'une barbarie avide de conquête,
Un peuple entier tremble, sa voix presque muette.

La terreur a éclipsé la lueur d'espoir,
Elle s'est emparée d'un prétexte pour régner,
La vengeance, glaciale, s'est drapée de noir,
Frappe sans discernement, comme une ombre damnée.
Une porte des enfers semble s'être entrouverte,

Révélant un drame, un génocide, une perte,
Et au cœur de ce chaos, un rire sinistre a résonné,
Le mal jubile, se nourrissant des âmes qu'il a fauché,

Souffle d'Éternité

Médias et pouvoirs semblent marcher main dans la main,
Versant un venin sournois, façonnant le lendemain,
Leur discours attise des flammes de haine et de méfiance,
Visant une foi, une culture, créant la défiance.

Chaque âme, juive ou musulmane, est précieuse, sacrée,
Chaque enfant, peu importe sa foi, mérite d'être aimé,
Mais des monstres, de tout bord, brandissent leur épée,
Moi, je choisis le côté de la paix, de la vérité incarnée.

Je me dresse contre l'injustice, où qu'elle soit,
Je suis le bouclier des innocents, la voix,
Contre ce grand complot que je ne peux accepter,
Et cette hostilité, je continue de lutter.

2 - Vers la Lumière du Bonheur

Dans le labyrinthe de la vie, sous le voile de l'éphémère,
Le bonheur, tel un phare, éclaire notre quête solitaire,
Invisible aux yeux noyés dans le désespoir,
Il attend, patient, que l'on veuille bien voir.

Le bonheur, artiste des âmes, peint l'espoir sur nos toiles vierges,
Dans le spectre de ses couleurs, il dissipe les ombres, allège,
Face à l'adversité, il est notre flamme, notre cri dans la nuit,
Un hymne à l'amour, qui même dans le silence, réjouit.

Il est cette source d'eau vive dans le désert de notre existence,
Qui désaltère, apaise, offre à nos cœurs une nouvelle chance,
Il murmure des mélodies de liberté, embrasse nos peines,
Nous unissant à l'univers, dans un élan d'amour sans chaîne.

Le bonheur réside dans le murmure du vent, dans le chant des étoiles,
Dans le parfum de l'aube, et dans chaque instant qui s'étale,
Même fragile, sa force est immense, un guide vers la clarté,

Souffle d'Éternité

Promesse d'un demain où chaque ombre sera dissipée.

À déguster, le bonheur est un banquet sans fin,
Où chaque bouchée est lumière sur notre chemin,
L'absence de joie n'est qu'un moment de pause,
Un souffle avant le lever du soleil, avant que tout explose.

Si nos cœurs s'ouvraient pleinement à sa radiance,
Chaque jour serait une ode à sa puissante résonance,
Plus de ténèbres, juste une infinité de lumières,
Un monde où chaque âme peut être frontière.

Le bonheur n'est pas hors de portée, mais un choix, une étoile à suivre,
Un pas après l'autre, vers la joie, nous pouvons tous le vivre,
Il nous appelle à embrasser l'instant, à laisser derrière l'effroi,
Pour bâtir ensemble, dès maintenant, un monde vibrant de foi.

3 - Rêve d'Horizon Lumineux

Où chaque soupir se transforme en chant,
Là où les abîmes se muent en vallons luxuriants,
Où chaque cœur saigne de compassion, pas de tourment,
Où les larmes ne coulent que d'émotion, pas de chagrin lancinant.

Dans ce monde que j'imagine, profondément silencieux,
Les vents murmurent des légendes d'amours éternels,
Les océans embrassent les rivages, doux et pieux,
Et le ciel, sans fin, peint des aurores naturelles.

Je rêve d'un monde où les mains se tendent,
Non pour prendre, mais pour donner et soutenir,
Où les frontières s'effacent, où les différences se fondent,
Et où chaque sourire est un langage à définir.

Dans cet univers, la nuit n'est jamais obscure,
Car elle est illuminée par la bonté de l'humanité,
Où la haine, le doute et la peur sont des conjectures,
Effacées par l'amour, la confiance et la fraternité.

Je rêve d'un monde où chaque enfant naît,
Avec la promesse d'un avenir radieux et serein,
Où la vieillesse est une couronne de respect, de retraits,
Et la mort, une douce transition, pas une fin.

Mais jusqu'à ce que ce rêve devienne réalité,
 Je garderai cette vision au fond de mon âme,
Car même si ce monde semble éloigné,

En nous, se trouve la flamme pour allumer cette trame.

4 - Rêve d'Éveil sous les Étoiles

J'ai rêvé d'un monde, où les cieux s'ouvraient,
Où les cœurs éclairés, les ombres chassaient,
Les complots, tels des voiles, soudain se déchiraient,
Les murmures trompeurs, par le vent, emportés.

Dans ce songe d'or, la foule prenait son envol,
Face à l'oppresseur, telle la mer contre l'écueil,
Le despote, tel un château de sable, vacillait,
Et ses spectres fidèles, par la marée, avalés.

J'ai vu des mers humaines, enflammées de passion,
Où nos phares gardiens, brillaient sans trahison,
Les semeurs de tempêtes, par l'orage effacés,
Devant la pureté, ne pouvaient que s'effondrer.

J'ai vu des âmes liées, dansant sous les étoiles,
D'une main à l'autre, un amour sans égale,
Couleurs et prières, fusionnant en douce mélodie,
La liberté, telle une alouette, chantait l'infini.

Mais dans ce rêve, une brume m'a enserré,
Les démons du chaos, en fureur se sont levés,
Fuyant la lumière, comme loups devant la lueur,
Chassés, égarés, en quête d'une demeure.

Cette nuit-là, l'espoir en moi a fleuri,
Voyant un peuple fier, face à la nuit défiant l'infini,
Les ombres du passé, devant l'aurore s'inclinaient,
Et la justice, telle un phénix, de ses cendres renaissait.

Souffle d'Éternité

À l'aurore, loin du tumulte, j'ai suivi l'étoile,
Ignorant les ombres, n'écoutant que l'appel du ciel clair,
Aucun écho ne saurait troubler ma quête, mon idéal,
Car face à la grande toile, mon cœur reste sincère.

5 - Ramadhan : Entre Cieux et Terre

Dans le voile nocturne, le Ramadhan se dévoile, pure merveille,
Un joyau lunaire en orbite, contraire à la course solaire,
Un recul dans le temps, un silence qui s'éveille,
Dans cette marche arrière, une proximité divine s'opère.

Ce mois, échappée de lumière dans la trame du destin,
Invite au jeûne, à la purification de l'âme et du corps,
Dans le reflet de la lune, une quête de l'essence divine,
Où chaque souffle, chaque pas, nous rapproche du port.

Sous l'éclat lunaire, le cœur des croyants s'illumine,
Dans la communion, une conversation silencieuse avec l'Unique,
Chaque nuit dévoile son mystère, une paix qui domine,
Éloignant les âmes des tumultes mondains, des critiques.

Les portes de l'enfer scellées, le paradis entrebâillé,
Dans ce temps suspendu, les chaînes des maux sont lâchées,
Mais le combat le plus ardu est celui qu'on mène éveillé,
Contre soi-même, démon de chair, dans la foi ancrée.

Jeûner, c'est se libérer, offrande de soi à l'Infini,
Un chemin de privations qui forge l'âme, l'esprit,

Souffle d'Éternité

Dans la faim, une richesse, dans le manque, une énergie,
Pour nourrir le meilleur, dans la nuit, on s'embellit.

Être exemplaire, dans la prière comme dans l'action,
C'est le message du Ramadhan, résonance sans fin,
Bienveillance, respect, en toute occasion,
La foi se vit dans le geste, le regard, le chemin.

Ce temps est réflexion, introspection profonde,
Une remise en question de ce que l'on est, au monde,
Se rapprocher de Dieu, dans une foi qui abonde,
Et dans ce retour en arrière, une avancée féconde.

Jeûner, plus qu'une absence, est présence de l'esprit,
Une purification qui nous élève, nous unit,
Et dans ce cycle lunaire, un futur se dessine, s'écrit,
Vers la meilleure version de nous, sous Son infini.

6 - Quête de l'Essentiel

Au-delà des sommets, où les vents pleurent,
Tu cherches l'écho, le battement d'un cœur,
Des trésors éphémères, scintillant sous le ciel,
Sont illusions, brumes, rêves artificiels.

Les joyaux que tu serres, d'un espoir avide,
S'étiolent et s'évanouissent, comme un cri vide,
L'énergie, la fougue, cette flamme en toi,
Le temps l'assombrit, l'emporte, la noie.

Les bastions que tu bâtis, fièrement dressés,
Tomberont, emportés par des vents glacés,
Les merveilles dorées, que tu convoites tant,
Sont ombres et mirages, flétrissant en un instant.

L'abondance n'est rien, le silence dit tout,
L'essence de la vie n'est pas un bien, c'est nous,
Il est cette lumière, tremblante, presque éteinte,
Le souffle fragile, le cœur qui s'étreint.

Cet insaisissable secret, éternel, caché,
Est l'écho de nos âmes, enlacées, mêlées,
Aimer à en saigner, à en perdre haleine,
Brûler d'un feu pur, même face à la peine.

Se laisser guider, par l'amour, par la foi,
Se révéler, nu, face à soi,
S'abreuver de passion, des larmes, des rires,
Reconnaître la beauté, même dans le pire.

Souffle d'Éternité

L'essentiel est en toi, vibrant, insaisissable,
Il palpite, résiste, immortel, indomptable,
Avec la paix comme bouclier, la douleur comme chanson,
L'essentiel est amour, c'est notre horizon.

7 - Président, à l'Aube d'un Tournant

Au cœur de la République, les vents du changement grondent,
Président, avec ton équipe, la défiance inonde,
Les pas jadis assurés dans l'antre du pouvoir,
Sont désormais des échos d'un espoir devenu dérisoire.

Ces bureaux, ces ministères, jadis notre fierté,
Ne sauraient devenir ombres, abrités par l'illégalité,
Chaque geste, chaque silence, chaque regard détourné,
Creuse la distance entre nous, un abîme confirmé.

De cités en hameaux, la colère citoyenne tonne,
Exigeant une vraie direction, non pas une nouvelle donne,
On croyait en un futur stable, en une promesse tenue,
Mais la déception prédomine, l'espoir disparu.

La République n'est point scène, encore moins une farce,
Elle nécessite vision et honneur, et non pas une mascarade,
Si toi, avec ton gouvernement, vous fléchissez sous la cadence,
Il est temps d'admettre l'échec, et d'offrir une renaissance.

Pour la nation, pour notre serment immuable,
Devant ce mur, cette frustration insurmontable,
Président, fais le choix juste, le choix nécessaire,
Cède la scène, pour un avenir plus clair.

Souffle d'Éternité

8 - Papa

Dans le silence de ton absence, le temps s'est suspendu,
Échoué, je cherche en vain la lumière de ton phare perdu,
L'aube elle-même semble tardive, enveloppée de chagrins,
Sous le poids d'un ciel de plomb, mon cœur est un jardin en ruine.

Tu as laissé derrière toi un gouffre béant, une étoile éteinte,
Une douleur qui pulse et vacille, telle une fièvre qui étreint,
Ta tendresse s'est envolée, libérée dans un soupir désolé,
Un adieu en écho, dans le souffle d'un vent glacé et isolé.

Pendant soixante-huit années, tu as été le compagnon de sa vie,
Partageant les rêves et les espoirs, dans un monde désormais assombri,
Seul tu restes, avec pour seule compagne une finitude inachevée,
Dans ce crépuscule des jours, où chaque moment est une éternité.

Le paradis s'est mué en abîme, le doux en amer,
Un mal-être inextinguible consume ton âme, une

flamme en enfer,
La vie, lourde de chagrins, semble te défier, impitoyable et austère,
Dans la solitude de ton deuil, un combat silencieux, une guerre.

Face à l'injustice du sort, ta colère gronde, prisonnière,
Seul face à Dieu, tu cherches un sens, une lumière,
Dans le silence de ta peine, tu luttes, écho d'une douleur ancestrale,
La solitude de ton veuvage, une traversée du désert, une épreuve brutale.

Papa, son départ m'atteint aussi, une absence qui résonne,
Elle manque à mon être, différemment, mais la douleur est monotone,
Son essence veille de là-haut, parmi les étoiles, éternelle sentinelle,
Dans le scintillement de nos souvenirs, elle demeure immortelle.

Papa, affronter la mort, c'est naviguer dans nos propres abîmes,
Tu n'es pas seul dans ce labyrinthe de peines et d'intimes,
La lumière se frayera un chemin, un jour, à travers ce sombre voile,
Elle a pris le large, mais dans nos cœurs, son amour est une étoile.

Souffle d'Éternité

Dans ce chemin creusé par l'absence, où nos pas
semblent s'égarer,
Papa, ensemble, dans l'encre de nos cœurs, nous
continuons d'écrire,
Chaque lettre une caresse, chaque mot un souvenir à
chérir, à garder,
Un parchemin de l'âme pour que son souvenir ne cesse
de fleurir.

Dans le sanctuaire de notre amour, son histoire se
perpétue,
À travers nos veines, dans le souffle de nos vies, elle
demeure,
Une symphonie douce-amère, une lumière qui
jamais ne s'éteint,
Papa, sa présence en nous, un phare, dans l'obscurité,
notre étreinte.

Écrire pour ne pas oublier, pour que l'écho de sa voix
guide nos jours,
Dans le livre de notre existence, elle est chaque page,
chaque tournant,
Sa mémoire, un trésor inestimable, dans le creux de nos
amours,
Papa, ensemble, à travers nos mots, elle vit éternellement
avec des souvenirs vivants.

Souffle d'Éternité

9 - Palestine & Israël : L'Écho de Sem

Dans le silence des innocents, ma voix s'élève,
Contre ce fleuve de douleur, ce sang qui enchaîne,
De Sem, ils descendent, et portent le même nom,
Musulmans, juifs, de lui, ils sont le prolongement.

La nuit tente de voiler la vérité de la haine,
Mais au fond de chaque cœur, une même veine,
Palestine, étoile brûlant dans la nuit,
Ton espoir est celui de tous, un doux abri.

Israël, lumière d'une mémoire ancienne,
Toi aussi, tu rêves d'une terre sereine,
Le pouvoir aveugle, les frontières divise,
Mais l'amour unit, efface la méprise.

Cousins dans le sang, héritiers de Sem,
Pourquoi cette discordance, ce douloureux emblème ?
Lorsque l'orage gronde et obscurcit les cieux,
Souvenons-nous de nos liens, précieux et pieux.

Que jaillisse l'espoir, lumineux et fort,
Guidant vers un lendemain, effaçant tout remord,
Ensemble, avançons, dans la chaleur d'une étreinte,
Pour qu'enfin de leurs cœurs, la paix soit l'empreinte.

Souffle d'Éternité

10 - Ombres Natales : Nul n'est Prophète en son Pays

Dans l'antre où nul prophète ne trouve écho,
Là où le talent, sous le voile d'une nuit sans étoiles, sombre inconnu,
Ignoré par ceux du même sang, ses exploits dissous dans le silence,
Non plus l'orateur éloquent, mais l'enfant d'hier, dénué de tout éclat.

Aux regards des siens, tel un génie errant, étranger en sa propre terre,
Jamais sa graine ne germe en sol natal, mais en terres lointaines,
Ils le voient spectre menaçant, mirage effrayant,
Le mesurant de leur hauteur, sans jamais s'incliner.

Futiles semblent les tentatives de briser le mur de leur indifférence,
Ils choisissent l'ignorance, préférant l'absence à la présence,
Plutôt te voir sombrer dans l'oubli, rayé de l'existence,
Que reconnaître en toi l'étincelle divine, l'essence pure.

Nul n'est prophète en sa demeure, écho d'une vérité ancienne,
Quel que soit ton mérite, à leurs yeux tu demeures l'étranger,
Toute parole se noie dans le fleuve de leur dédain,

acerbe,
Et ta prose, pour eux, ne s'envole jamais vers les cieux.

Reclus en ton propre berceau, étranger perpétuel,
Ils œuvrent à te diminuer, à entraver ta quête, ta voie,
Armés de critiques et de venin pour occulter ta lumière,
Empoisonnant l'air que tu respires, étouffant ta joie.

Dans ton sillage, tu n'es qu'une ombre pour le clan,
Ailleurs, tu pourrais briller, phare dans la nuit,
Ils convoitent ta chute, guettant avidement,
Espérant ta fin dans l'ombre, avec impatience.

Hélas, "Nul n'est prophète en son pays", proclame l'adage,
Inscrit dans le marbre à travers les âges,
Tout effort y est dérisoire, chaque ambition, un outrage,
Condamné à l'exil, loin de ces plages hostiles.

Nul n'est prophète, ni sage parmi les siens,
Seul l'exode promet un destin plus clément,
Pour que l'art respire sous des cieux bienveillants,
Fuyant les jaloux, vers des aubes sans peine.

11 - Ombres du Dernier Souffle

Là où les corbeaux noirs planent sur le crépuscule,
J'ai vu la vie s'évanouir, ombre subtile et minuscule,
Telle une bougie vacillante dans le vent d'une nuit close,
Elle s'est éteinte, silencieuse, sous la chape morose.

Cherchait-elle une issue, un passage vers l'inconnu ?
Elle s'est noyée, engloutie par le néant venu,
Tant d'âmes errent, prisonnières de leur propre obscurité,
Naviguant dans l'abysse, en quête de liberté.

Les cœurs sensibles, tels des pétales au vent d'automne,
Se fanent, torturés par une réalité monotone,
Leurs espoirs écrasés par l'étau de l'indifférence,
Cherchent dans l'au-delà, une ultime renaissance.

Est-ce une quête de paix ou un abandon au désespoir,
Quand chaque souffle ressemble à un sombre corridor ?
Lorsque chaque aurore n'est que l'annonce d'un crépuscule,
Et que la lumière semble fuir, infime particule.

Quand le chant de la mort résonne comme une mélodie,
C'est que la vie, cruelle, ne laisse que mélancolie,
Chaque étoile qui s'éteint, chaque soupir éthéré,
Me rappelle l'impermanence, le temps éphémère écoulé.

Face aux abysses, aux ombres, à la nuit sans fin,
Il faut chercher un sens, une raison, un chemin,

Souffle d'Éternité

Pour ceux qui ont quitté la lumière pour l'obscurité,
Mon cœur saigne en silence, submergé de larmes salées.

Dans le murmure du vent, l'écho de la forêt endormie,
Je dépose pour vous, des prières, des suppliques infinies,
Chaque larme versée est une étoile dans le ciel,
Un rappel silencieux que la vie est éternelle,
Et dans ce dernier souffle, tout redevient silence infini.

« La mort est comme le vide entre deux notes de musique : inaudible mais ressentie, créant un espace de réflexion et de contemplation. Elle ne demande pas de lamentations bruyantes, mais un respect silencieux, une compréhension profonde qui trouve une force renouvelée dans un silence sacré. »

12 - Ode à la Maternité

Dans la chaleur sacrée de son ventre, neuf mois tu as grandi,
Sur l'autel des douleurs de l'aube, en lumière, tu fus épanoui,
Guidant tes premiers pas incertains, telle une étoile dans la nuit,
Elle t'a nourri de son sein, apaisant tes troubles, tes cris.

Telle une veilleuse sous la lune, ses sacrifices ont éclairé ta voie,
Ses bras, forteresses d'amour, ont dissipé tes peurs et tes écueils,
De ses mains, sources de douceur, elle a calmé tes larmes de soie,
Dans la tendresse de son étreinte, apaisant tes jeunes tourments.

Dans le silence de la nuit, son cœur en harmonie avec le tien palpitait,
Chaque larme versée, une perle de compassion, reflet de son inquiétude,
Elle a porté l'atlas de tes peines, dans ses veilles, ta douleur écho trouvait,
Par ses renoncements, elle t'a guidé vers la clarté et la plénitude.

Dans l'immensité de son amour, tu fus la lumière, la promesse,

Souffle d'Éternité

Son affection, telle une rivière, berçant ton âme, effaçant les tristesses,
Ses berceuses, doux baumes, ont chassé les ombres, les frayeurs,
Son sourire, un phare, éclairant les coins sombres de ton cœur.

Artisane de ton être, elle a tissé en toi la force et la vertu,
Chaque jour, son amour peignait une fresque de ta destinée,
Elle a guéri les blessures, en toi, la joie et l'amour ont fleuri,
Dans ses bras, un havre, où le monde trouve paix et sérénité.

Unique, elle est, dans son essence, lumière éternelle de l'amour,
Nulle autre ne saurait égaler l'ampleur de son dévouement,
Lave-lui les pieds avec respect et amour, en signe de reconnaissance,
Car sous ses pas résonne le paradis, doux murmure de son existence.

13 - L'Éveil au Cœur des Ténèbres

Dans un univers où gronde la déraison,
Là où le chaos brûle plus que l'ardeur des flammes,
Noyées, nos nobles vertus, en l'obscur d'un horizon,
Où la lumière d'antan sombre, dépouillée d'âme.

L'amour, autrefois roi, désormais en exil,
Cède la couronne à la haine, froide et brute,
Dans le bal des écrans, l'absurde est un asile,
Où chacun danse, captif, au rythme de la chute.

La sagesse d'antan, aujourd'hui assassinée,
Traditions oubliées, sacrifiées sur un autel,
Nos croyances foulées, nos essences profanées,
Par des idoles d'acier, cœur sans étincelle.

Les médias tisseurs d'ombres, enlacent l'esprit,
Oligarques voraces, du silence font or,
Soins devenus armes, vérités interdites,
Sous des masques d'acier, se cachent mille sorts.

Homme et femme, à la lisière de l'abysse,
Se tiennent, hésitants, face à la déréliction,
Pantins sans fil, âmes en compromis,
Liberté enchaînée, rêve sans direction.

Loups de l'ombre, nourris de nos peurs fantasques,
Se repaissent, voraces, de notre désarroi,
Ère de mirages, où chaque pas est une embuscade,
Attaque sourde, brisant l'élan, noyant la foi.

Souffle d'Éternité

Le Divin, éclipsé, n'est plus que murmure lointain,
Mais, dans les cœurs endurcis, le mal a pris racine,
Face aux orages, face aux destinées incertaines,
Ensemble, tels des phares, nous tracerons notre chemin.

Un monde ivre, tenu par des mains délétères,
Mais le chant des éveillés n'a pas encore résonné,
Car en nous brûle un feu, une lumière solitaire,
Prêt à illuminer les ténèbres, à l'aurore d'une nouvelle destinée.

14 - Les Vers de l'Âme

Je suis à la fois ombre et lumière dans le silence,
Forgeant des espoirs, façonnant des souffrances,
Parfois un fardeau, souvent une danse,
Insaisissable énigme, essence de l'existence.

Je suis l'écho de l'âme, encre de la conscience,
Le festin silencieux des mots en absence,
Je tisse le destin, récolte la quintessence,
Libère les tourments, en quête de délivrance.

Guerrière des causes perdues, égide des voix sans son,
Je nourris les rêves, forge des vérités, bâtis des donjons,
Mon encre, tel un fleuve, coule, trace des horizons,
Entre proses et vers, un monde s'éveille, sans limitation.

Je suis artisane de légendes, de récits, de confessions,
Capturant la bohème, secrets porteurs de libération,
Messagère d'ivresse, de douleurs et de passions,
Pansant les âmes orphelines de leur propre vision.

Souffle vital, je suis l'air ardent des aspirations,
Élévation vers des cimes, refuge des imaginations,
Murmure chassant les ombres, gardienne des nations,
Cri primal, résurgence depuis les abîmes, pure révolution.

Je suis douceur sucrée sur toile de cultures,
Savourée, parfois censurée, éternelle sculpture,

Souffle d'Éternité

Fragilité et force, en mon sein cohabitent,
Je suis l'écriture, détentrice de l'ultime signature.

Pouvoir de révéler, de bousculer le destin,
De pleurer en mots, de rire en chemin,
Je suis la voix du cœur, le reflet du lendemain,
Essence immortelle, sous l'encre, mon divin chemin.

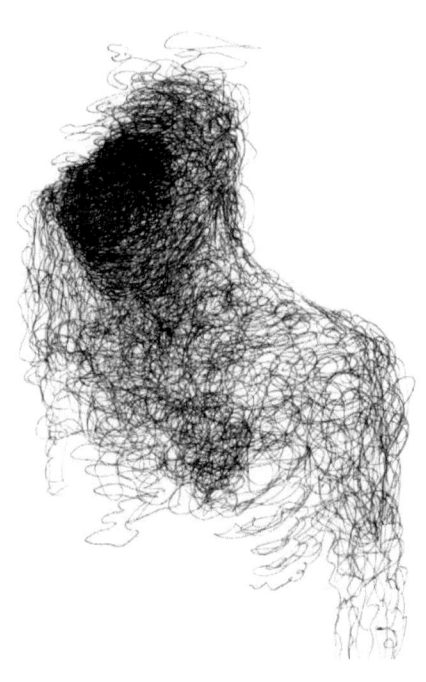

15 - Les Sentinelles de l'Espérance

Dans les ténèbres abyssales où les rêves se meurent,
Je suis ce poète naufragé, l'âme lourde de douleurs,
Au cœur du silence, j'entends ce murmure ancestral,
La voix des éternités me hélant depuis l'au-delà.

Mon encre, gorgée de larmes et du sang des chagrins,
Grave l'écho d'une âme errant sur des chemins incertains,
La plume, trempée dans l'encre des abysses,
Trace mes tourments, mes combats, mes délices.

Chaque vers est le souffle d'un cœur au bord du gouffre,
Le témoignage d'un esprit que le destin écorche et étouffe,
Dans cette éternité où la lumière semble perdue,
J'écris pour défier la nuit, l'inconnu.

Vos yeux, sentinelles dans ma nuit sans fin,
Réveillent en moi la flamme, le besoin d'un lendemain,
Sur l'océan déchaîné de nos émotions partagées,
Nous découvrons ensemble des rivages oubliés.

Embrassant l'infini, portés par nos mots enlacés,
Nous cherchons ce sanctuaire où nos âmes peuvent se reposer,
Dans ce partage profond, nos esprits se transcendent,
Face à l'obscurité écrasante, c'est notre lumière qui devient évidente.

Souffle d'Éternité

16 - Les Masques de l'Envie

Dans l'ombre ténébreuse, ces vampires se cachent,
Où brille une lueur, ils n'y voient que crachats,
Là où le vent est doux, ils pressentent l'orage,
Leurs mots prétendent vérité, mais trahissent leur âge.

Ils ne voient que chaos, désordre et déraison,
Là où règne la clarté, ils n'y trouvent que trahison,
Devant un art immortel, ils n'y voient qu'ébauche,
D'une joie, ils soupçonnent le mal, d'une promesse, une fauche.

L'éclat d'un autre les blesse, amertume en guise de bouclier,
Orgueil en étendard, la jalousie en épée dégainée,
Ils décortiquent les mots, cherchent l'erreur, l'anomalie,
Revêtus de faux-semblants, ils salissent la poésie.

Tapis dans leurs abîmes, ils attendent ta dérive,
Rêvant que ta déchéance conforte leur invective,
Ils maugréent, convoitent, et critiquent sans cesse,
Espérant te voir fléchir, te perdre dans leur détresse.

Ces âmes en peine, rient de leur propre douleur,
Éviter leur venin, leur fiel, devient la première heure,
Quand ta vie rayonne, forte et lumineuse,
Ils s'enveloppent d'ombre, te rendant la marche pénible et tortueuse.

Comme un ciel noirci par des pluies acides,

Leurs sarcasmes, leur fiel, sont autant de guides,
Face à leur animosité, un seul mantra à retenir,
Vers la lumière avance, et laisse-les dans leur noir devenir.

17 - L'Écho des Âmes Perdues

Dans la danse macabre avec Lucifer,
Qui n'a jamais senti son souffle, son murmure ?
Dans la frénésie d'une faute éphémère,
Qui n'a chancelé, sombrant dans ses chimères ?

Sous la lueur trompeuse d'une étoile fugace,
Qui n'a jamais succombé à une basse menace ?
Tous, nous portons des chaînes, des poids inavoués,
Des péchés cachés, des cris étouffés.

Chaque cœur a sa brûlure, son cri silencieux,
Un mal profond, un venin pernicieux,
Nos âmes hurlent, écho de nos erreurs,
Des abîmes où se perdent l'honneur, la ferveur.

Les ténèbres s'étendent, envahissant l'horizon,
Nos regrets, tels des vautours, guettent à l'oraison,
La peur, insidieuse, s'infiltre, corrompt,
Là où la foi s'effrite, là où l'amour tombe.

Les mots ne suffisent plus, le mal est profond,
Nos actes, nos silences, scellent notre affront,
Face à la noirceur de nos jours consumés,
Qui peut dire qu'il n'a jamais été damné ?

L'heure est grave, le temps de l'aveu est venu,
Reconnaître nos fautes avant d'être perdus,
La vie, tumultueuse, nous emporte, nous broie,
Chaque vague, chaque tempête, reflète notre effroi.

Souffle d'Éternité

Des signes nous alertent, des cris à entendre,
Mais en nous se trouve le pouvoir de se défendre,
Face au déclin, à l'urgence, il faut se réveiller,
Braver nos démons, nos ombres, et se relever.

Car la fin approche, le malin rôde, insistant,
Chaque instant compte, chaque battement,
Amis, ennemis, tous dans la même danse,
Il est l'heure d'affronter notre sentence.

Car dans ce ballet fatal avec le tentateur,
Seul l'espoir, fragile et ardent, éclaire nos cœurs,
Mais il est tard, et la nuit enveloppe nos âmes,
Il nous faut agir, rallumer notre flamme.

18 - Le Sablier de l'Existence

Dans le sablier, le temps s'effiloche,
Semblable à l'infini qui se dresse, majestueux,
Cycle perpétuel, éternel retour,
Tel un chien captivé, se mordant sans fin la queue.

Grains de sable, comme des larmes du temps,
Dévalent le corps vibrant de la vie,
Pour alimenter, avec une inexorable douceur,
Le lit de la tombe, cette compagne silencieuse.

En position de veille, le sable glisse, inexorable,
En sommeil, il suspend son écoulement,
Méditant sur l'éphémère,
De l'avenir, il coule, grignotant la vie,
Du passé, il s'amoncelle, témoin muet de notre fin proche.

Chaque âme porte son sablier unique,
Varié en forme, en taille, en essence,
Deux réservoirs de destinée : vie et mort,
L'un pour les craintes futures, l'autre pour les douleurs passées.

L'homme, dans son oublie, néglige ce passage étroit,
Cette gorge où le temps, comme un ruisseau de vie,
S'écoule en moments précieux, rares et vrais,
C'est ici, dans ce fin canal, que bat le cœur de l'existence,
Là où chaque grain est un instant de vérité pure.

Souffle d'Éternité

Le présent, le maintenant, est notre seul véritable trésor,
Le seul instant digne de célébration,
Libre de tout calendrier, de toute contrainte,
Les calendriers, outils d'une économie avide,
Servent les désirs des riches, oubliant l'âme du temps.

À tous, je souhaite un joyeux maintenant,
Une éternité dans l'instant infini,
Où chaque seconde est une étoile dans le firmament de la vie.

19 - Le Poids de l'Or, le Vide du Cœur

Dans l'abîme, l'Homme se perd,
Où s'est envolé ce cœur, douce lumière ?
De marbre il semble, glacé et reclus,
Monstre d'égoïsme, roi du refus.

Hanté par l'éclat d'une pièce égarée,
Il est l'architecte de son propre enlisé,
Dans une fosse, aveugle, il s'enterre,
Portant en lui le feu, préparant la guerre.

Assoiffé de lumière, il ne voit que nuit,
Son existence, un champ de bataille en débris,
Pense-t-il que la fortune le suive après la mort ?
Sans cœur, sa croix pèse plus que l'or.

Avarice, serpent sournois, dévorant,
Éloigne-nous de l'harmonie, du chant vibrant,
Mieux vaut un cœur débordant, qu'un trésor enfoui,
Car donner, c'est l'écho d'un amour inouï.

La main offerte est un soleil revenant,
L'acte de partage, rosée d'un nouveau levant,
Égoïsme, cancer rongeant l'essence,
Jusqu'à ce que la faucheuse exige sa récompense.

La bonté s'est tue, éclipse de l'âme,
Mais dans le chagrin d'une larme, brûle une flamme,
Car le temps revient, inexorablement,
Peut-être un jour seras-tu l'indigent.

Souffle d'Éternité

Car la vie n'épargne personne de ses vents,
Ceux qui croient tout connaître en sont ignorants, Sache
alors que chaque acte trouve son reflet,
Et mes vers sont ici, cri vibrant, pur reflet.

20 - Le monde en mutation

Le monde se mue, ébranlant ma conscience profonde,
Le doute, tel un voile, instille des tourments à l'horizon,
Dans l'abîme des regrets, je chute, âme en pénitence,
Sur un navire brisant mon être, voyage sans rémission.

Aspiré vers le néant, désespoir en compagne fidèle,
Mon énergie s'évapore, l'espoir se dissout en écho,
Je m'avance, lourd, dans un futur peint de désarroi,
Nu, privé de ma foi, dans un crépuscule sans flambeau.

Tristesse et fatigue m'étreignent, sans aucune consolation,
Vide, éreinté, une ombre parmi les lamentations,
Malheur et tourment m'accablent, insupportable condition,
Dans ce quotidien misérable, dénué de toute passion.

Le peuple, soudain, perd ses couleurs face à l'effroi,
Dépouillé de ses valeurs, dans l'égoïsme il se noie,
Dans l'obscurité, il plonge, son âme noyée dans la noirceur,
Un abîme sans lumière, où l'esprit se perd en douleur.

Dirigés par des fantoches, vides de sens et de bien,
Ne pensant qu'à leurs gains, éclipsant l'humain,
Ils obscurcissent nos jours de leur ombre vaine,
Vidant notre cœur de ce qui nous unit, chaîne par chaîne.

Le désir de désirer s'amenuise, la base même s'effrite,
Tout ce en quoi l'on croyait s'effondre, et l'âme s'abîme,

La paresse et l'abandon règnent, en maîtres de l'heure,
Nous rendant proies faciles, en cette ère de douleur.

L'éducation s'est dissipée, comme fumée sous le vent,
Cédant sa place au vide, un silence qui nous engloutit,
La télévision, ce miroir distordu, façonne des âmes errantes,
Éloignées de la vérité, dans un monde d'illusions habitées.

L'amour, l'amitié, et la fraternité, nos guides étoilés,
Ont lâché nos mains, dans la brume nous laissant errer,
Ils nous ont conduit vers un demain, où l'essence de l'humanité,
Se dissipe, comme l'eau dans le sable, difficile à retrouver.

Pourtant, une étincelle persiste, au plus profond de mon être,
Elle brille, m'inspire, un désir ardent de renaître,
De combattre sans relâche, contre ces ombres qui sévissent,
Et rallumer dans nos cœurs, la flamme que le monde défriche.

21 - Le Miroir du Désespoir

Tu ne te rends même pas compte,
Que loin de la lumière de ton cœur tu t'éloignes,
La vérité te pèse, te fait honte,
Et dans l'ombre de tes peurs, tu te confines.

Tu penses que l'union est ta force,
Et que seul, ta faiblesse s'accroît,
Mais sous la profondeur de ton écorce,
Réside une magie, une joie que tu ne vois.

Le malin a creusé dans l'ombre de ton âme,
Séduisant, égarant ton esprit naguère clair,
Il t'a éloigné de ta propre flamme,
Vidé de ta foi, te laissant seul, dans un désert.

Tu crois lutter, repousser le mal,
Ignorant qu'il s'est en toi tissé, dissimulé,
Partout, tu le chasses, animal fatal,
Sans voir qu'en toi, il se plaît, réjoui, caché.

Sans le savoir, son ombre tu imites,
Il te déforme, te grime d'une allure étrange,
Te fait croire ses mensonges, et ta raison hésite,
Et le mal se répand, sous tes traits, sans que tu ne changes.

Pour te protéger, ton être cher te mime,
Et toi, tu réponds, attisant le feu,

Souffle d'Éternité

Dans cet écho, un appel, une ultime rime,
Un pas vers la paix, un espoir précieux.

Devant ce miroir, tu es aveugle à ta propre image,
Combattant toi-même et le monde en rage,
Le mal t'a modelé, t'a privé de tout courage,
Et tu restes là, prisonnier de ta propre cage.

Mais un jour, la lumière perce, tu vois ton erreur,
Décidant de briser ce reflet, ces chaînes de douleur,
Pour effacer le mal, les larmes, la terreur,
Et ces voix qui murmuraient, semant le malheur.

Toi, ton plus grand ennemi, il est temps de l'affronter,
De l'accepter, de le comprendre, avant de le combattre,
Tu pourrais devenir ton meilleur allié,
Si seulement tu apprends que contre le mal, il faut être plus astre.

22 - Le Cordon Éternel

Dans le murmure de ton compte en banque, un vide s'étend,
Dans tes poches, le silence, ton portefeuille, un lointain absent,
Ton frigo, une chambre vide, placards, des échos sans fin,
Ton estomac, un vide, ton sandwich, une faim lointaine.

Ta garde-robe, des ombres sans couleur, ta maison, un espace abandonné,
Le réservoir de ta voiture, un chemin déserté, une quête égarée,
Ton répertoire d'amis, un firmament sans étoiles,
Ta vie professionnelle, une mer sans bateaux, sans voiles.

Ces vides, des silhouettes matérielles, tu peux les transformer,
Les remplir de rires, de couleurs, de souvenirs à chérir,
Mais il y a des vides plus profonds, des abîmes de l'âme,
Des silences qui parlent, des douleurs qui réclament.

Et puis, il y a ce vide, créé à ta naissance,
Dans le ventre de ta mère, une absence, une essence,
Ce vide, relié par un cordon ombilical de l'âme, invisible,
Une connexion éternelle, indissoluble, indicible.

Ce cordon, lien d'amour pur, vibre à travers les années,
Même quand elle s'en va, il reste, dans les airs, enchevêtré,
Ce vide, c'est une constellation qui s'éteint, une étoile qui

Souffle d'Éternité

disparait,
Un amour éternel, dans ton cœur, qui toujours te parle.

Dans ce vide, résonne l'amour d'une vie, un murmure du passé,
Sous ses pieds, le paradis, un trésor, maintenant ébranlé,
Oh, comme je regrette de ne pas avoir honoré ce lien plus souvent,
De ne pas avoir lavé ses pieds, un geste d'amour, un serment.

Le jour où ta mère part, c'est une épopée qui se clôt,
Une présence qui s'estompe, un amour qui devient écho,
Ce vide, c'est son souvenir, une douleur qui s'attarde,
Une absence qui te rappelle, à chaque souffle, sa garde.

♥ Pour toi Maman ♥

Ton fils qui t'Aime tellement

23 - Le Cénacle des Illusions Littéraires

Dans l'ombre des pages et des mots se tisse,
Une confrérie, architecte de ton esprit depuis l'enfance,
Par le truchement de leurs ouvrages, manifestes de leur emprise,
S'est érigée en souveraine de la pensée, réduisant au silence toute dissidence.

Artisans de la plume, maîtres de l'art du démenti,
Leur génie réside dans la faculté de réfuter, d'occulter,
Ce qui menace leur trône, d'interdire l'étincelle d'insoumission,
Infiltrant les veines de la littérature, distillant le poison de leurs tromperies.

Indifférents aux étiquettes sous lesquelles ils se masquent,
Ils commandent une légion d'écrivains façonnés à leur image,
Des disciples zélés, gardiens des dogmes prescrits,
Écartant avec zèle l'essence véritable de l'écriture, cible de leur vindicte.

Leur empreinte s'étend, omniprésente dans les salles de classe,
Investissant librairies et bibliothèques, sans égard ni mesure,
Soutenus par des médias complices, courtisans de l'ombre,

Souffle d'Éternité

Flanqués de scribes mercenaires, artisans d'une prose sans envergure.

Dès le berceau, ils tissent le voile de l'illusion,
Avec des comptines et des contes, édulcorés, dénués de sens,
Des chroniques, des critiques, des narrations fabriquées,
Te détournant des abysses cruels de notre existence.

Ils sont légion, ces auteurs de l'artifice,
Altérant l'histoire pour le compte de leurs ambitions obscures,
Prêchant le mirage d'un lendemain drapé d'illusions,
Formatant les esprits, les vidant de leur essence.

Entre leurs mains se distribuent honneurs et louanges,
Siphonnant ta fortune en exigeant ton obéissance,
Érigeant leurs vanités sur les autels de la renommée,
Te berçant d'illusions, sans l'ombre d'un remords.

Si ton âme aspire à la véritable essence des lettres,
Fuis les vitrines trompeuses, les éloges superficiels,
Dans les recoins méprisés, parmi les voix bafouées,
Là se trouve le refuge des récits authentiques, éternel nourricier de tes rêves.

24 - La Cage Étouffante

Dans cette vaste cage, le monde s'est enfermé,
Sous un ciel de plomb, nos esprits ont sombré,
Liberté piétinée, dans l'ombre d'une aube oubliée,
Vers un mirage lointain, notre espoir s'est envolé.

Dans l'étreinte invisible d'un joug sévère, nous vivons,
Liberté bafouée, sous des chaînes sans pardon,
Nos âmes, dans le tourbillon d'une vie sans couleur,
Sont lavées, essorées, dépourvues de toute ferveur.

Des grains de mensonge, dans nos mains jetés,
Pour affamer nos esprits, nos rêves avortés,
L'humanité s'égare, sous le poids d'un ciel gris,
Tandis que, sous des dais, certains vivent à l'abri.

Refusant cette geôle, aucun ne s'aventure,
Dans des marécages d'exil, leur âme se mure,
La liberté, un phare dans la brume éteint,
Sa lueur étouffée, par le voile du destin.

Aujourd'hui, la liberté se voit caricaturée,
Dans le labyrinthe d'espions, elle est piégée,
Encerclée de lois, de peurs, d'angoisses sans fin,
Notre essence même, prise dans un cruel écrin.

Les illusions, sous le fer chaud, sont redressées,
Ceux qui chutent, par le verdict populaire, effacés,
Lapidés sous les cris d'une foule sans visage,
Pour se libérer, il faut braver le mirage.

Souffle d'Éternité

Pour voir la lumière, escalader les plus hauts murs,
Braver les ombres, affronter l'obscur,
Refuser l'emprise, le verrou de notre esprit,
Briser nos chaînes, vers l'inconnu partir.

Aveuglés, tant marchent, dans le désert du désespoir,
Mais dans mon cœur, une étincelle veut voir,
De ces liens, je me suis enfin écarté,
Vers la lumière d'une révolte, mon âme s'est tournée.

25 - Joyeux Anniversaire Mon Amour

Joyeux anniversaire, mon amour, ma vie, mon trésor,
Dans le fil de nos jours, notre amour est un accord,
Plus doux que le chant des oiseaux au matin,
Plus fort que les vagues s'écrasant sur le lointain.

Le temps, qui transforme, t'a rendu plus précieuse,
Telle un diamant, brillant sous la lune lumineuse,
Joyeux anniversaire, mon doux, mon unique,
Mon amour pour toi est si vaste et si magique.

Ce jour où tu es née, un cadeau pour l'univers,
Ta présence a éclairé le monde le rendant plus clair,
À tes côtés, je suis plus que moi, je deviens nous,
Avec toi, tout est possible, tout est doux.

Je te souhaite un amour aussi vaste que l'océan,
Un bonheur aussi inépuisable que le temps,
Tu es mon soleil, mon guide, et ma raison de sourire,
Chaque jour à tes côtés est un doux souvenir.

Dans tes yeux, je vois notre histoire, notre chemin,
Ton amour est mon refuge, mon quotidien,
Chaque instant avec toi est un cadeau précieux,
Dans cet amour, je trouve la joie, les cieux.

Joyeux anniversaire, mon amour tendre et éternel,
Avec toi, chaque matin offre un nouvel arc-en-ciel,
Auprès de toi, chaque jour se pare d'un nouvel éclat,
Unis, nous traverserons les temps, sans frontière.

Souffle d'Éternité

Ton cher et tendre époux Mustapha qui t'Aime

26 - Entre Foi et Pudeur : Échos d'une Laïcité

Dans l'ombre douce où le cœur trouve refuge,
La foi s'allume, loin de tout subterfuge,
Elle habite en dedans, au plus profond de l'âme,
Indépendante du tissu, de la flamme.

La laïcité, dans son chant originel,
Écoute la foi, mais ne touche pas le ciel,
Elle sait que la robe, le voile ou la toge,
Ne sont que pudeur, et non dogme ou éloge.

Un voile, une abaya, écrins de discrétion,
Ne parlent pas toujours de divine connexion,
Ils sont choix du cœur, désir de se préserver,
Sans que la foi n'ait à tout gouverner.

Le juif, peut-être sans kippa, a sa foi intacte,
Le chrétien sans croix, son amour reste exact,
Le musulman, voilé ou non, garde sa prière,
Chaque cœur sait sa voie, sa propre lumière.

La laïcité, noble et grande idée,
Ne doit pas confondre foi et pudeur mêlées,
Chacun exprime, dans l'intime ou le vêtement,
Sa spiritualité, son moment.

Dans ce monde où tout semble si complexe,
Acceptons la nuance, évitons la perplexité,
Pour une laïcité, éclairée et sereine,

Qui comprend que la foi vit bien au-delà de la laine.

27 - Enfants, Étoiles Contre L'Ombre

Ne touchez point à ces âmes si pures,
Ils incarnent des espoirs que sans cesse je murmure,
N'assassinez pas leurs âmes, ces rêves naissants,
Ils ne méritent point vos douleurs, vos tourments.

Les enfants, flambeaux d'un monde sacré,
Pour leur avenir, on doit se transcender,
Lueur dans la nuit, espoir face à l'obscur,
Chaque rire enfantin est un hymne si pur.

Médias trompeurs, politiques corrompus,
Vos mots assombrissent les cieux autrefois si lumineux,
Votre soif de pouvoir, d'éclat insatiable,
Piétine l'innocence, ternit tout ce qui est aimable.

Que vos guerres restent vôtres, si tel est votre jeu,
Perdez-vous dans vos labyrinthes, loin de ces yeux si bleus,
Mais gardez vos mains loin de ces âmes d'or,
Ils sont bien au-delà de vos enjeux, de vos dehors.

Monstres en costume, quelle que soit votre devise,
Marchands de faux-semblants, apôtres de la méprise,
Médias insensibles, politiques dénués d'éthique,
Votre humanité, semble-t-il, a perdu sa musique.

Le jugement, tôt ou tard, viendra vous trouver,
Dans des geôles froides ou sous terre, enterrés,
Ombres de la honte, vos crimes vous définissent,

Souffle d'Éternité

L'innocence est meurtrie par vos actes, vos missives.

Bien que la vengeance soit de divine juridiction,
Je vous maudis, souhaitant votre perdition,
Un enfant, universel, transcende les frontières,
Porteur d'une humanité, sans cesse solidaire.

Chaque enfant de la terre, je le chéris comme mien,
Vers lui je tends la main, fortifiant ce lien,
Ne touchez pas à ces étoiles, mes précieux enfants,
Car votre silence, hélas, parle plus qu'un océan de sang.

28 - Éclats d'Éternité

Dans le creuset de l'aurore, ton combat s'éveille,
Cherchant le sens, à chaque soleil, à chaque merveille,
Chaque pas est une épopée, un murmure d'espoir,
Dans ce grand théâtre de la vie, où chacun veut croire.

Ton cœur grandit, face à des vents souvent contraires,
Trouvant en lui la force de braver les mers amères ?
Les blessures te façonnent, mais ne te définissent pas,
Elles sont les échos d'un voyage, d'un combat au-delà.

Dans le miroir de la douleur, l'éclat de l'âme se révèle,
Chaque larme, une perle, chaque cri une étincelle ?
Face à la tempête, ton esprit se dresse, immuable,
Cherchant la lumière, même quand tout semble insurmontable.

Les mystères de l'existence te tiennent en haleine,
Dans ce ballet infini, tu cherches ta rengaine,
La nuit, avec ses ombres, te murmure ses secrets,
Mais ton cœur résiste, éclairé par un amour concret.

Car la vie, dans sa profondeur, est un chant éperdu,
Un hymne à la beauté, un rêve toujours poursuivi,
Même si la finitude semble tracer ton destin,
Ton essence, ta passion, brilleront sans fin.

Souffle d'Éternité

29 - Éclats d'Espoir en Octobre Rose

Lorsque l'automne peint de sa palette d'or,
Les arbres se dénudent, exposant leur décor,
Chaque feuille tombante est un soupir, un trésor,
Rappelant la fragilité de la vie, et de la mort.

Octobre se pare d'une teinte douce, le rose,
Écho d'un combat silencieux, d'une chose morose,
Dans le reflet des jours, des femmes se reflètent,
Affrontant l'ombre du cancer, tempête discrète.

Elles sont comme des chênes dans la bise d'automne,
Résistant, espérant, même quand la peur les emprisonne,
Dans leur regard, une lueur, une flamme s'illumine,
Témoignant de leur force, de cette bataille intime.

Le murmure du vent transporte leurs espoirs,
Car même dans la nuit, elles cherchent à percevoir,
L'éclat d'une étoile, d'un lendemain plus doux,
L'automne en témoigne, face à l'adversité, elles sont debout.

Souffle d'Éternité

30 - Échos Trompeurs : L'Ombre de la Politico-Presse

Derrière les masques, des secrets s'enlacent,
Éclipsant la lumière, ombre de vérité factice,
Mots ensorcelants, comme neige qui trépasse,
Écho sans âme, trace d'un mirage complice.

Leurs sourires forgés, toiles de perfidie,
Cachent un gouffre où la noirceur prend racine,
Loin de la candeur, de l'honnête mélodie,
Ils préfèrent l'orage au doux refrain d'une comptine.

Leurs voix ensorcellent, telles sirènes en abysses,
Charmantes, mais cachant une menace dormante,
Se disant sauveurs, rois des coulisses,
Tirent les ficelles, marionnettistes triomphants.

Illusionnistes, dansant sur des mirages éphémères,
Ils tissent des songes, enchaînant nos consciences,
Leurs hymnes funèbres marquent les ères,
Où vertu se meurt, et s'installe la démence.

Leurs hérauts, porteurs d'un poison insidieux,
Diffusent, tel un virus, une doctrine déviée,
Érodant nos valeurs, ébranlant cieux et lieux,
Ils convoitent un monde sous leur égide courbé.

Orchestrant en secret, conflits et tourments,
Forgeant des ombres, ils brouillent notre vue,

Souffle d'Éternité

Altérant la vie, souillant chaque fondement,
Nous ligotent, masquant la liberté perdue.

Mais face à leur nuit, nos feux brilleront encore,
Chaque fissure, chaque espoir, sera notre brasier,
La vérité, phare immuable, tracera l'aurore,
Révélant leurs échecs, là où leur règne est brisé.

Échappons à leurs filets, à leur dorure trompeuse,
Unis, notre courage et passion seront nos gardiens,
Dévoilons ces charlatans, par vérité lumineuse,
Pour que, sous l'aube pure, nos âmes trouvent leur chemin.

31 - Échos de Lumière dans l'Ombre

Au cœur de nos abîmes, la guerre intérieure gronde,
Chaque pas est un défi, chaque souffle une seconde,
Les démons médiatiques qui dansent, effrontés, sur le monde,
Des titans de pouvoir, laissant derrière eux une plaie profonde.

Leur ombre me poursuit, souillant ce qui est pur,
Tentant de me briser avec des mots, des murmures,
Le chant des sirènes, doux poison, douce torture,
Leurs mensonges sucrés, pourtant, ont un goût d'amertume.

Je refuse leur masque, leur séduction vénéneuse,
Ils jettent sur les âmes une ombre silencieuse,
Je cherche la lumière, même une étincelle précieuse,
La vérité est voilée, mais ma quête est pieuse.

La liberté chante, un écho lointain, un rêve pur,
Dans le chaos qui s'installe, elle est la lueur d'or pur,
La tempête a laissé ses marques, sur nos peaux, nos murs,
Mais l'espoir est une flamme, qu'aucun vent ne peut blesser, c'est sûr.

La guerre est silencieuse, dans l'âme, dans le cœur,
Elle se gagne avec amour, détermination, et douce ferveur,
L'ennemi, parfois visible, est souvent une peur cachée,
Une ombre insaisissable, née des profondeurs du passé.

Souffle d'Éternité

Ils nous voient si petits, éphémères, sans envergure,
Mais ensemble, unis, nous sommes une force, une armure,
Contre tout ce qui nous assaille, chaque blessure,
Nous sommes l'espoir, la lumière, la future aventure.

32 - Démission : L'Heure est Venue

Dans l'ombre de la nuit, le guide solitaire s'élance, voilé de douleur,
Marchant sur un hymne, son pas lourd résonne, écho d'un monde en pleurs,
Mon âme, tiraillée entre ombre et lumière, frémit sous le céleste voile,
Sous sa couronne illusoire, son être se perd, dans l'abîme, sans étoile.

Sous le masque du règne, une âme en cage, par des chaînes noires étreinte,
Dans ce jeu d'ombres, se dévoile le spectre d'un futur, de noirceur peint,
Tel un fantôme, il vogue, porté par des vents funestes, en quête d'oubli,
Sa voix, à peine un murmure, se noie dans le cri d'un peuple qui maudit.

Chaque parole, un poignard qui tranche l'aube de nos espérances,
Les mots, tels des vautours, planent, annonciateurs d'une sombre sentence,
Le peuple, épuisé, dans son désespoir, clame haut sa requête, son droit :
« Que finisse ce règne ! » supplie-t-il, dans l'unité de sa voix, éclat de froid.

Un timonier sans boussole, errant sur un océan de

tristesse et de crainte,
Cet homme, au regard hanté par les ombres, détient un trône, illusion peinte,
Guidé non par l'éclat, mais par l'orage, vers l'abysse il est entraîné,
Dans ses yeux, le reflet d'une âme déchue, une vérité, en lui, enfermée.

La lutte intérieure déchire son essence, entre la nuit de ses actes et l'illusion d'un phare,
Ses mots, tissus de pénombre, portent le deuil d'une ère, souffle sépulcral,
Chaque phrase, une ruine dans le jardin de notre temps, murmure d'une fin annoncée,
Enchaîné à son destin, il sombre, spectre parmi les vagues, dans l'océan de l'humanité.

Dans un soupir d'agonie, le monde, fatigué, réclame sa déchéance, son départ,
Chaque cri du peuple, une lueur faiblissante dans l'obscurité de notre égard,
Il est le crépuscule, voilant les cœurs de son ombre, en son vide se complaisant,
Le peuple, sous son emprise, saigne et prie, pour sa chute, le vent implorant.

Souffle d'Éternité

33 - Dans l'Étau de l'Inoculation

Sous un ciel d'orage, l'obscurité s'abat,
Des voix insistantes, te chassant du trépas,
Des chaînes invisibles, serrant sans relâche,
Des murmures oppressants, ta peur s'entache.

De toutes parts, l'étau se resserre, te cernant,
Chaque ombre se moque, un piège alarmant,
Ils cherchent à vider ton essence, ton âme,
Dans cette froide danse, allumer ta flamme.

La piqûre, ils disent, est ta seule issue,
Avec acharnement, te poussant à l'abattu,
Ils peignent des visions de guérison promise,
Mais dans les ténèbres, une trahison se glisse.

Un labyrinthe tortueux, un tourbillon sans fin,
Un précipice se dessine, tu te sens si chétif,
Ce venin qu'ils vendent, sous un voile trompeur,
Face à leur insistance, ton cœur crie de peur.

Face à cette tornade, reste indompté,
Car demain, ils pourraient te dévorer,
Dans ce chaos, où la vérité s'évapore,
Garde ta flamme, sois l'ancre, sois l'aurore.

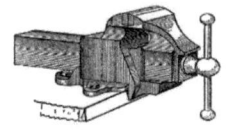

Souffle d'Éternité

34 - Dans le Souffle d'un Rêve

Sous le voile nocturne, j'ai rêvé d'une contrée, les yeux grands ouverts,
Un horizon sans fin se dévoile, éclipsant les ombres de despotes pervers,
La nuit s'illumine, et dans le cœur vibrant du peuple, l'éclat des lances,
Contre les spectres de divinité, dans leur valse, une résistance en transe.

La mélodie des faux-semblants, berceuse d'un temps révolu,
Se mue en vérités glacées, une prose aux mensonges nus,
Les illusions englouties, amères potions versées à nos lèvres éperdues,
Tels des échos funèbres frémissant sur nos bouches déçues.

Les visages de l'angoisse, masques effroyables, tombent en avalanche,
Révélant sous le masque, une armée de scarabées, sans éclat ni panache,
Dans l'ombre lumineuse, ces êtres vils cherchent à échapper à la sagesse,
De ce peuple marchant, lumière forgée, sur le sentier de leur détresse.

À l'aurore de l'espoir, le peuple se lève, immense et fier,
De ses mains, il sculpte l'équité, tissant l'avenir d'une

fresque claire,
Contre la fureur des tyrans, l'indifférence des cyniques,
Une vague d'humanité s'élève, poussée par un souffle altruiste.

Point de désir pour un monarque, sacrifiant sa terre pour une ombre,
Ni pour des promesses évanescentes, qui dans le néant sombrent,
Dans le creuset de la révolte, l'aube des décisions s'éclaire,
Signe d'un renouveau, où se purifie la ruine, en un acte de foi sincère.

Guerriers de la lumière, unis par le battement de leurs cœurs,
Ils défient la nuit, renversent le joug des oppresseurs,
Sous leurs assauts, guerre et oppression s'évanouissent,
Laissez place à la paix, l'honneur, gravé sur leurs visages radieux.

Une harmonie d'âmes, en un prisme de couleurs fusionnées,
Surmontant les clivages, les peines, dans une marche unifiée,
Ensemble, ils défient les seigneurs des abîmes, les architectes du mensonge,
Les précipitant dans l'oubli, où leurs ombres se fondent.

Mon rêve dessine une nation, phénix renaissant de ses cendres,

Souffle d'Éternité

Refusant de plier sous le joug d'avenirs que d'autres tentent de nous vendre,
Où flottent les étendards de liberté, d'égalité, de fraternité, haut et fort,
Et où les démons du passé, dans les cryptes de l'oubli, trouvent enfin leur port.

Souffle d'Éternité

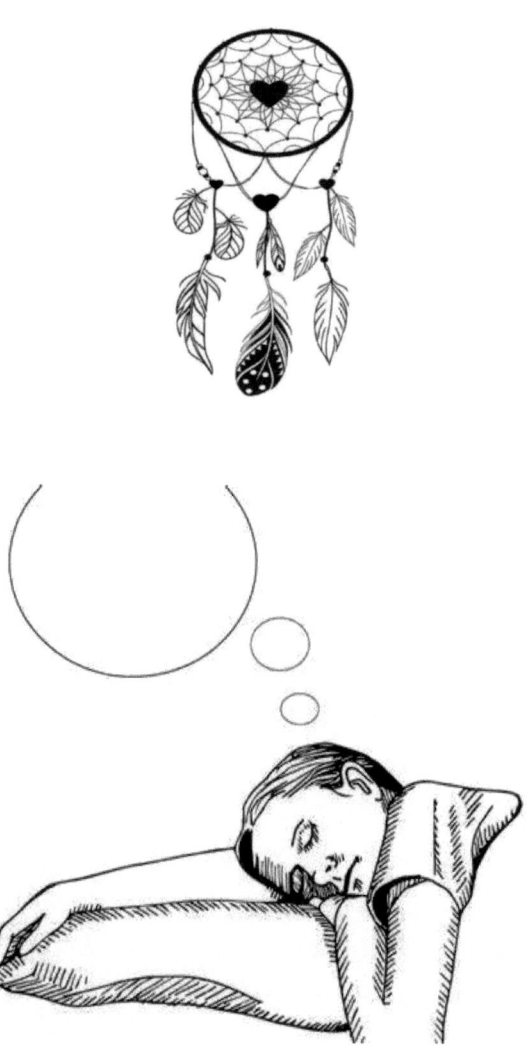

35 - Chuchotements de l'Éternité

Au cœur des époques, silencieuses et lourdes de sens,
S'élèvent des voix, échos d'amours et de souffrances,
Certains, dans leur tourment, voient leur propre danse,
Oubliant qu'ailleurs, aussi, bat un cœur en silence.

Chaque larme, discrète, est un océan intime,
Qu'elle s'échappe de moi, ou d'une mère en abîme,
Chaque souffle retenu, chaque regard qui s'exprime,
Dessine une fresque, sous la voûte d'une rime.

Où se cache ce cœur, qui s'est tant endurci,
Pour ne voir que sa peine, oubliant l'infini ?
Le mal, tel un vent, ne distingue pas ses amis,
Il caresse, il détruit, sans cesse, à l'infini.

Les ombres de la nuit, murmurant l'apocalypse,
Portent en elles des chaînes, un destin en ellipse,
Dans leur quête effrénée, ne voient-elles pas l'éclipse ?
Lorsque l'amour et la peur, se mêlent en un prélude exquis.

Médias, doux prismes de nos âmes égarées,
Pourquoi choisir une douleur, une autre la reléguer ?
Dans l'obscurité, ne sentez-vous pas palpiter,
Les cœurs que vous oubliez, les rêves brisés ?

Chaque enfant, éclat d'étoile ou lueur vacillante,
Porte en lui un cosmos, une promesse vibrante,
Sur cette terre mélodieuse, aux notes discordantes,
Je rêve d'une symphonie, d'une paix éclatante.

Souffle d'Éternité

Israël en terre de Palestine, soupirs de l'éternité,
En vous, je ressens l'écho d'une amitié brisée,
Où est la mélodie, les chants d'une soirée ?
Quand la paix, en douceur, viendra-t-elle nous bercer ?

Plongeons dans le mystère, cherchant l'harmonie,
Où chaque voix s'élève, unie, sans mépris,
Que la haine s'efface, qu'enfin elle s'oublie,
Au profit d'un amour, doux et infini.

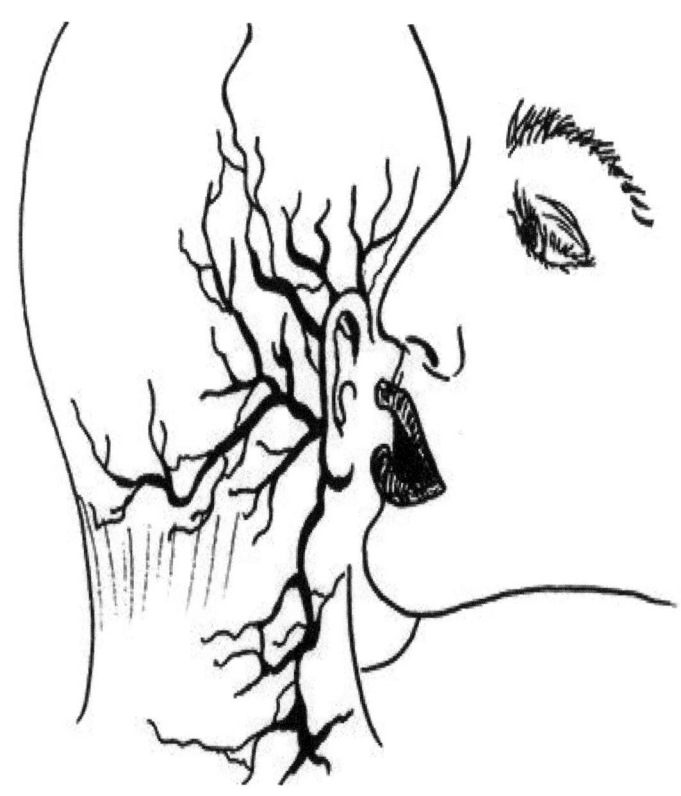

36 - Au Seuil du Deuil

Dans le silence, un fracas résonne, lourde présence,
Un vide qui pèse, empreint d'une douleur sans fin,
Comme si la mort, de ses doigts glacés, éveille une danse,
Et dans son sillage, laisse un écho qui jamais ne s'éteint.

Mon ombre, compagne inlassable de mon chagrin,
S'attache à mes pas, écho de mon âme écorchée,
Un gouffre s'élargit, approfondissant mon désespoir,
Un manque cruel, en mon cœur, établit son règne.

Tel un orage, la douleur frappe, laisse ses stigmates,
Un cri muet déchire le silence, explosion sourde de l'absence,
De l'aube au crépuscule, un assaut continu de peines,
La nuit, consumée par des pensées sombres, se déchire.

Ce tourment, tel un poison, s'infiltre, consomme l'esprit,
Un passé chargé de regrets, un présent incessamment douloureux,
L'avenir, vidé de désir, porte les cicatrices du temps passé,
Une épreuve constante, privée de joie, enveloppe chaque instant.

Le deuil, cette absence insupportable, un vide immense,
Où chaque douleur trouve son écho, résonance infinie,
Devant la mort, on se tient démuni, cœur exposé,
Forcés de continuer, avec pour seul guide l'ombre de ce

Souffle d'Éternité

qui fut.

Inévitable visiteur, le deuil frappe à notre porte,
Chacun porte sa peine, la vit dans son intimité,
Un chemin bordé de larmes et de souvenirs, unique à chaque âme,
Espérant, un jour, que s'invite la douceur d'un apaisement.

Comme un arbre en hiver, dépouillé, attendant le printemps,
Espoir d'une renaissance, d'une douceur nouvelle,
Ce poème se veut une main tendue dans l'obscurité glacée,
Offrant chaleur et réconfort dans le tourment du vide laissé.

37 - Appel à l'Éveil

Dans l'ombre, des discours tissés d'illusions vous ont dessiné,
Par des fils de mensonges, une réalité trompeuse a été ourdie,
Tel des vautours, avec ruse, ils planent, leur invasion finement tracée,
Infusant votre quotidien de leur fiction, persistante et infinie.

Peu leur importe les moyens, leur dessein est de corrompre,
S'emparer d'abord du corps, pour le flétrir, puis le rompre,
Ensuite, l'esprit est assailli, pour le distraire, le décomposer,
La peur, comme clé ultime, est alors utilisée pour dominer.

L'essence même de notre subsistance a été souillée,
Dans une abyssale fausseté, nous sommes entraînés,
De maladies fantômes et d'oppressions, nous sommes menacés,
Par la terreur de conflits sans but, nous sommes immobilisés.

Le chaos, ils attisent, enflammant les braises de la haine,
Sous le faux prétexte d'idéaux, ils alimentent la peine,
Une révolte chargée de douleur, dans la désunion, ils

sèment,
Sous le joug de quel monarque tombons-nous ? Un roi, une reine ?

Par des lois iniques, imposées d'une main, ils nous diminuent,
Nous réduisant à l'insignifiance, leur venin dans nos veines coule,
Telle une secte, dans l'ombre, ils trament et conspirent,
Des marionnettes nous dirigent, à la merci de leurs desseins.

Conditionnés dès l'aube, à entrer dans leur jeu, nous sommes les acteurs,
Victimes de leurs caprices, pris dans le tourbillon de leur tromperie,
Hypnotisés, pour accepter le spectacle d'un monde en pleurs,
Où la vérité se meurt, sous le poids d'un drame qui s'écrit.

Les messages, subtilement déguisés, éclairent faussement notre vue,
Détournant nos esprits de la vérité, de notre essence perdue,
Un piège, à travers les âges tissés, nous tient dans l'ignorance,
Nous maintient affaiblis, loin de reconquérir notre puissance.

Souffle d'Éternité

Éveillez-vous, traversez le mirage des fausses vérités, déchirez le voile du leurre,
Devant l'armée des nocturnes, levez haut le flambeau de la sincérité, comme un défenseur,
Ils tissent l'intrigue de nos vies, nous gardant dans l'ombre de l'imaginaire, prisonniers de l'obscur,
La politique se mue en un drame orchestré, où les figures de l'ombre dictent le futur.

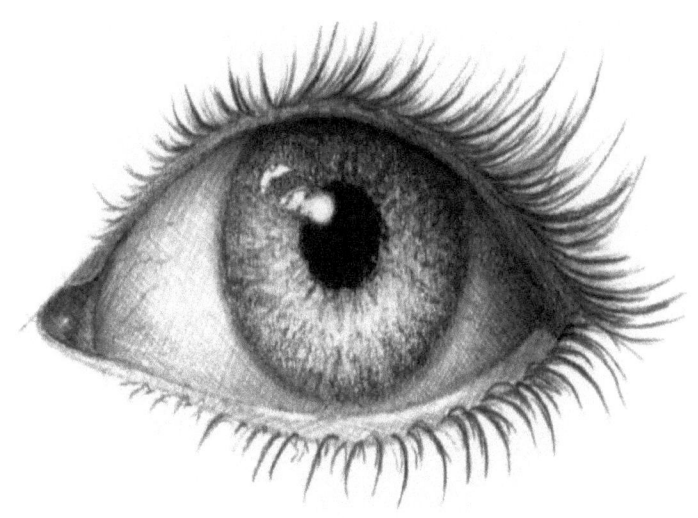

Souffle d'Éternité

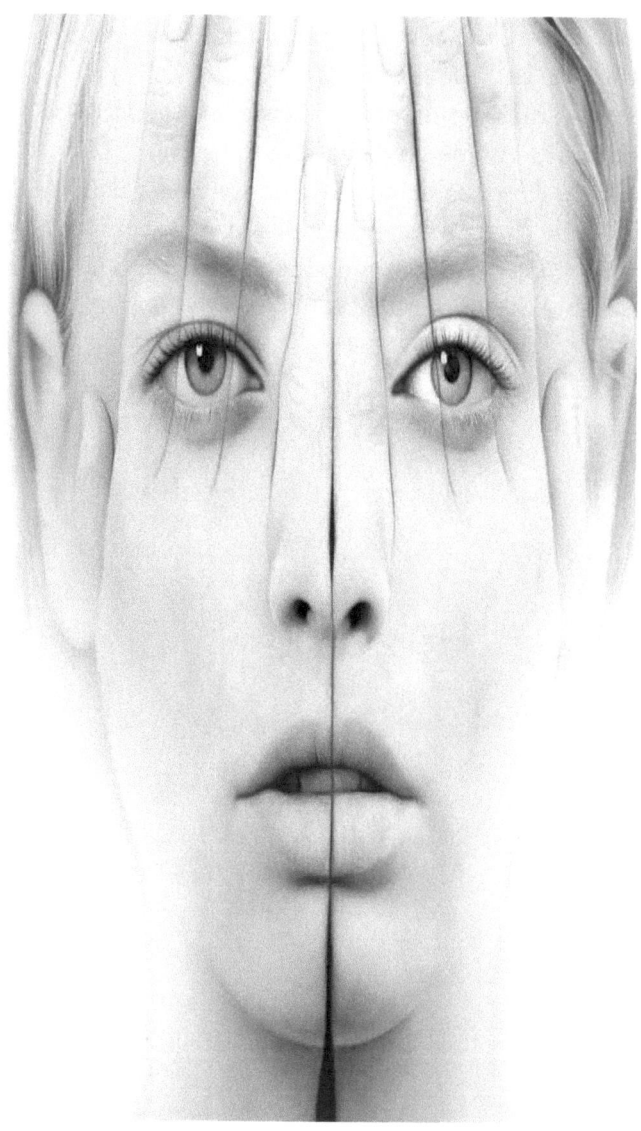

38 - Âme Insurgée

Dans le tumulte, je brise le voile du silence que d'autres choisissent,
Nul ne peut juger du pire, lorsque la douleur s'épanouit et grandit,
Le diable, rusé, étend son ombre, dessinant son vaste empire,
Sa bête déchaînée vise, détruisant tout ce qui respire.

Ravagé, un peuple pleure, contraint à la marche de l'exil,
Là où bombes et chaos réduisent l'espoir à un fil,
Des médias aveuglés, distillant le venin de l'illusion,
À quel prix peut-on ignorer cette profonde affliction ?

Certains prétendent connaître le gouffre de la souffrance,
Mais ils ne font qu'alimenter la haine, aggravant la balance,
Guidé par le Saint Coran, je me lève pour le spolié,
Pour la veuve, l'orphelin, pour tout être martyrisé.

Face aux abysses sombres, mon cœur bat en résistance,
Contre ces assassins froids, je clame ma persistance,
Chaque mot, chaque cri, est un écho de justice,
Pour un monde brisé, en quête d'une promesse propice.

Souffle d'Éternité

39 - Le Gouffre de l'Essentiel

Dans cette obscurité, je suis un écho perdu,
Vide, flottant dans la nuit noire de la mort,
Faiblesse enlacée, mon corps, un navire échoué,
Dérivant loin du phare, dans les profondeurs marines.

Tel un briquet capricieux, je renie ma propre étincelle,
Lutte intérieure, flamme refusée, un désir étouffé,
Fuyant l'embrasement de mon esprit, un feu latent,
Je suis une pensée fugace, s'évaporant dans le silence.

Un corps décharné, une âme en errance,
Tremblant sous le gel d'un hiver sans chaleur,
Cœur blessé, écorché dans ses abysses,
Perdu dans un désert sans horizon, tombant sans fin.

Toute nourriture se transforme en amertume,
Aucune satiété n'apaise cette faim vorace,
Tel un fantôme, j'erre, sans souffle ni repos,
Portant le masque de la vie, intérieurement brisé.

Mes mains cherchent en vain une prise,
Les parois s'effondrent, un vertige inévitable,
Je suis comme les cendres d'un feu jadis vibrant,
Autrefois chaleureux, maintenant un cœur gelé.

L'absence est un vide incommensurable, une douleur insupportable,
Seul le temps offre un baume, une promesse de guérison,
Dans le silence de l'avenir se cachent des mystères,

Où les larmes de douleur sont aussi celles d'une joie renaissante.

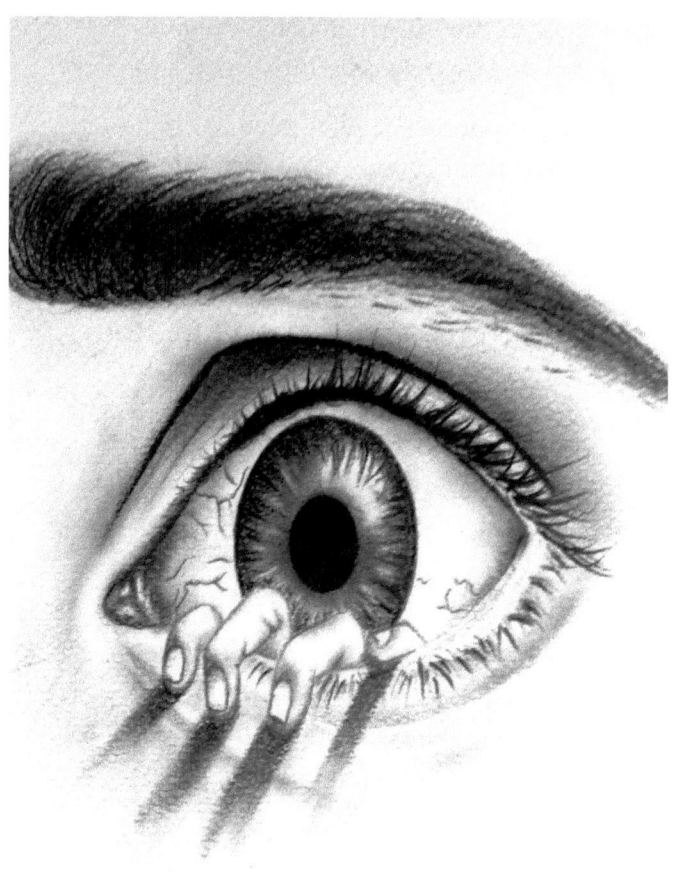

40 - Harmonies Célestes, Lumière dans l'Âme

Qui saurait dire si aimer est un geste léger,
Ou si être aimé est un défi, une épreuve à surmonter ?
Regardez le gouffre d'un cœur qui n'a pas appris à s'élire,
S'accepter, s'aimer, est le pont vers un amour sans limite.

L'amour, ce fil d'or tissé dans la trame du temps,
Apparaît parfois comme un labyrinthe, parfois comme un firmament,
C'est cette puissance douce, ce souffle vital,
Qui nourrit les âmes en secret, dans un murmure amical.

Le jour où je me suis accepté, où je me suis aimé,
Un horizon de lumière s'est à mes yeux déployé,
Je me suis élevé, affranchi de mes chaînes, enfin libre,
Dans l'acceptation de soi, j'ai vu l'univers s'ouvrir.

Armé de cette compréhension, de ce trésor intérieur,
J'ai entrouvert les portails d'un amour sans peur,
Aimer, c'est partir à la découverte de soi dans l'autre,
Se voir reflet, dans un échange, où chaque cœur apporte.

Entre ombre et lumière, mon voyage m'a enseigné,
Que l'amour n'est pas un duel, mais une passerelle, une clé,
Il unit les solitudes, en quête de sens, de réconfort,
Un havre de paix, où l'âme trouve son port.

Souffle d'Éternité

L'amour, ce sage, nous apprend la douceur, la patience,
Il requiert notre totale attention, notre pleine conscience,
Aimer, c'est accueillir l'autre avec ses nuances, sa vérité,
Dans cet amour, trouver sa liberté, sa propre identité.

Quand l'amour se présente, ne le repoussez pas,
Accueillez-le à bras ouverts, car il réchauffe, il éveille, il éclaire,
Il cicatrise les cœurs, illumine les sentiers oubliés,
Aimer et être aimé, c'est là toute la beauté de l'humanité.

Table des matières

Introduction 5
1   Voix Contre l'Injustice 9
2   Vers la Lumière du Bonheur 11
3   Rêve d'Horizons Lumineux 13
4   Rêve d'Éveil sous les Étoiles 15
5   Ramadhan Entre Cieux et Terre 17
6   Quête de l'Essentiel 19
7   Président, à l'Aube d'un Tournant 21
8   Papa 23
9   Palestine & Israël l'Écho e Sem 27
10   Ombres Natales : Nul n'est Prophète en son pays 29
11   Ombres du Dernier Souffle........................ 31
12   Ode à la Maternité................................... 33
13   L'Éveil au Cœur des Ténèbres.................... 35
14   Les Vers de l'Âme 37
15   Les Sentinelles de l'Espérance 39
16   Les Masques de l'Envie 41
17   L'Écho des Âmes Perdues.......................... 43
18   Le sablier de l'Existence 45
19   Le Poids de l'Or, le Vide du Cœur 47
20   Le Monde en Mutation 49
21   Le Miroir du Désespoir 51
22   Le Cordon Éternel 53

23 *Le Cénacle des Illusions Littéraires* 55
24 *La Cage Étouffante* 57
25 *Joyeux Anniversaire Mon Amour* 59
26 *Entre Foi et Pudeur, Écho d'une Laïcité* 61
27 *Enfants, Étoiles Contre l'Ombre* 63
28 *Éclats d'Éternité* 65
29 *Éclats d'Espoir en Octobre Rose* 67
30 *Échos Trompeurs L'Ombre de la Politico-Presse* 69
31 *Échos de Lumière dans l'Ombre* 71
32 *Démission L'heure est venue* 73
33 *Dans l'Étau de l'Inoculation* 77
34 *Dans le Souffle d'un rêve* 79
35 *Chuchotements de l'Éternité* 83
36 *Au Seuil du Deuil* 85
37 *Appel à l'Éveil* 87
38 *Âme Insurgée* 91
39 *Le Gouffre de l'Essentiel* 93
40 *Harmonies Célestes, Lumière dans l'Âme* 95*